CLAUDETTE JACQUES

Mandalas pour attirer...

l'Abondance

Cahier à colorier

Le Dauphin Blanc

Nous reconnaissons l'aide financière du gouvernement du Canada par l'entremise du Programme d'aide au développement de l'industrie de l'édition (PADIÉ) pour nos activités d'édition.

Nous remercions la Société de développement des entreprises culturelles du Québec (SODEC) pour son appui à notre programme de publication.

Les dessins mandalas ont été réalisés à la main par Claudette Jacques et ajustés à l'ordinateur pour les besoins d'impression. L'auteure tient à remercier Pauline Veilleux pour son aide inestimable.

Révision linguistique : Amélie Lapierre

Infographie des mandalas : Mathieu Bergeron (Smartiz – Publicité et graphisme)

Infographie de la couverture : Marjorie Patry

Mise en pages : Marjorie Patry

Éditeur : Les Éditions Le Dauphin Blanc inc.
C. P. 55, Loretteville (Québec) G2B 3W6 CANADA
Tél. : (418) 845-4045 Téléc. : (418) 845-1933
Courriel : dauphin@mediom.qc.ca
Site Web : www.dauphinblanc.com

ISBN : 978-2-89436-188-7

Dépôt légal : 3e trimestre 2007
Bibliothèque nationale du Québec
Bibliothèque nationale du Canada

Imprimé au Canada

Avant-propos

Les cahiers à colorier *Mandalas* sont conçus pour permettre au plus grand nombre de gens possible de faire la découverte d'outils peu connus, créatifs et thérapeutiques à la fois. Comme le temps manque à plusieurs personnes pour faire leurs propres mandalas, les dessins à colorier suivants offrent la possibilité de bénéficier de la paix et de l'harmonie que procurent les mandalas.

Le but des mandalas est d'abord et avant tout d'unifier, d'harmoniser. Pour des raisons indéterminées, l'entrée dans leur cercle change le niveau vibratoire. Les mandalas unifient alors les deux hémisphères du cerveau et harmonisent les dualités, les contraires. Ils permettent la connaissance de soi et ils servent de soutien pour la méditation.

Ces dessins à colorier sont à la portée de tous; ils nécessitent seulement de cinq à sept crayons à colorier, de tons différents, de préférence, et un temps d'arrêt. L'œuvre est alors en mouvement. En commençant par leur centre, c'est une invitation à joindre son propre centre, à prendre contact avec soi, puis à voyager dans le cercle en toute sécurité comme cela devrait être dans la vie.

Je vous invite à en faire l'essai et à en découvrir les bienfaits.

Claudette Jacques

Note : identifiez votre état d'être avant et après avoir colorié chaque mandala. Il est intéressant de constater à quel point le coloriage des mandalas peut transformer un état ordinaire en un état plus harmonieux.

Les mandalas pour attirer...
l'Abondance

Ces dessins mandalas ont été conçus pour ceux et celles qui désirent l'abondance. Qu'il s'agisse de l'abondance sur le plan de la santé, de l'amour, de la joie, du succès, de l'argent ou de tout autre domaine de la vie, le processus est le même. La loi s'applique : chaque fois que nous émettons une pensée, la loi d'attraction s'active. Plus la pensée est forte et soutenue, plus les résultats sont visibles. Par la pensée, nous créons notre vie, et ce, depuis toujours, même si nous n'en avions pas conscience.

En me servant de la pensée, je me suis imprégnée de cette intention particulière d'abondance et les dessins ont jailli de façon intuitive, dans des gestes de rondeur et d'effervescence. J'ai ressenti une énergie que j'ai à cœur de partager, car le don que l'on fait et le cadeau que l'on reçoit créent le mouvement de l'équilibre favorisant l'abondance.

Je vous invite à colorier les dessins mandalas pour activer votre processus d'abondance, car pour des raisons indéterminées, le simple fait d'entrer dans leur cercle change le niveau vibratoire, unifie les deux hémisphères du cerveau, harmonise les dualités et les contraires et favorise l'ouverture à des possibilités infinies, à l'abondance.

Les mandalas sont des outils thérapeutiques, évolutifs, créatifs. Ils offrent non seulement la possibilité d'améliorer nos états d'âme, mais ils nous aident à nous recréer comme nous voudrions être, dans la réussite, la prospérité et la joie à profusion.

Bons mandalas et que l'abondance vous accompagne.

Bonne route!

Claudette Jacques

Note : les espaces libres dans les dessins permettent d'y ajouter une touche personnelle, comme un souhait, un nom, un message.

La coupe d'abondance

Tous les êtres sont bénéficiaires d'une coupe d'abondance. Cette coupe prend la forme de nos pensées, de nos attitudes, de nos émotions, de nos sentiments. Peu importe sa teneur, elle est gravée de notre nom.

J'élève ma coupe afin de permettre à la vie d'y déverser son contenu d'abondance. Par ce geste, je signale ma présence à l'Univers, je précise mes demandes et je définis mes intentions! Pour une meilleure réceptivité, je m'enracine afin d'être en équilibre et de donner autant que je reçois.

« Je tends ma coupe à la vie. »

La gratitude

Vivre dans la certitude que, partout où je vais, rien ne me manquera, c'est vivre en confiance. Reconnaître que la vie est bonne, c'est vivre de gratitude, c'est reconnaître que la terre est un lieu où il fait bon vivre, c'est apprécier tout ce qu'elle procure de bien-être, de bienfaits, de merveilleux.

Je remercie pour le rire, la joie, l'amour, l'amitié, la musique, la beauté, la prospérité, le succès, les enfants, le soleil, la mer, l'abondance, etc. Je remercie de pouvoir m'exprimer, me réaliser, de pouvoir pleinement vivre. « Je suis reconnaissant. »

J'affirme chaque jour : « J'ai le pouvoir de changer des choses! J'ai l'intention de réussir! »

La maîtrise de soi

Par notre code génétique, nous héritons des qualités et des défauts de ceux qui nous ont précédés. Avec l'intelligence de la vie et les outils nouveaux, il est possible de réparer des tares, de redresser des tangentes, de défaire des nœuds, de libérer des croyances limitatives. En coloriant à partir du centre, je développe mon pouvoir intérieur et je maîtrise ces pensées erronées qui me font croire que je ne mérite pas l'abondance.

« J'utilise mon pouvoir et je décide de ce qui est bon pour moi. »

Le canal

L'Univers est constitué d'énergie. Je capte des courants qui m'inspirent, qui font jaillir en moi des idées que je concrétise par la suite. Lorsque je suis récepteur, une énergie vibrante m'alimente et fait de moi un créateur; puis je deviens émetteur lorsque j'exprime ma créativité et que je permets aux autres de bénéficier et de s'inspirer de mon travail. C'est le mouvement de la vie : recevoir et donner. Nous sommes tous reliés : microcosme et macrocosme!

« Je suis un canal de vie, d'énergie, d'abondance. »

Loi d'attraction

Cette loi a toujours existé, et selon Charles Haanel, grand penseur du début du siècle dernier, c'est la plus grande et la plus infaillible des lois. La pensée est une énergie qui crée : si je veux la joie, j'émets des pensées de joie; si je veux l'abondance, je pense et je vibre abondance; si je veux l'amour, je vis l'amour.

En coloriant le mandala à partir du centre, je me concentre. Alors que ma concentration s'approfondit, ma pensée s'active déjà dans l'Univers, créant des effets en concordance avec cette pensée. Tout est possible, il me suffit d'y penser, d'y croire et d'agir.

« Je reçois selon ma capacité de penser. »

Les portes

L'abondance s'exprime parfois dans un plein de lumière, de grâce, de joie, d'amour, de popularité, de santé, de bonheur, etc. Si les fenêtres sont obstruées, la lumière ne peut entrer; si j'ai le cœur fermé, l'amour ne peut venir; si je suis défaitiste, le bonheur ne peut rester!

Pour accueillir cette invitée, « l'abondance », je dois m'ouvrir, accueillir l'expérience, apprécier la prospérité, la faire progresser. J'ouvre la porte à ce que je souhaite et à ce que je suis prêt à recevoir.

Le « momentum »

Le balancier du temps va et vient dans un rythme régulier, jour après jour, année après année! Il y a des saisons de semences et de récoltes, des saisons froides et des chaudes. Le mouvement se poursuit et orchestre l'ensemble de la création. Le tout est propulsé par une intelligence qui active le balancier, qui incite la vie à aller de l'avant. Si l'intelligence de la vie a prévu pour moi l'abondance, le balancier du temps va créer ce « momentum » afin de me permettre d'être au bon endroit, au bon moment. Pour l'instant, je vis dans l'intelligence et je trouve le blé pour me nourrir et l'argent qu'il faut pour subvenir à mes besoins. L'abondance m'attend... j'ignore où et quand, mais de la savoir présente me comble déjà.

« Je vis l'intelligence. »

L'argent est énergie

« L'argent ne fait pas le bonheur », disent certaines personnes! Il est vrai que l'argent ne règle pas tout, mais l'argent est synonyme d'énergie. Craindre l'énergie de l'argent, c'est craindre sa propre énergie, c'est refuser une façon d'améliorer son sort, d'aller de l'avant, de réussir. C'est comparable à refuser de cueillir les fruits, c'est refuser de pêcher le poisson, de récolter les moissons... C'est refuser une idée qui propulse, une mélodie qui fait vibrer, une mer qui fait rêver. L'abondance, c'est gratuit!

En coloriant mon dessin mandala, en partant du centre, je m'ouvre à l'abondance universelle. J'affirme : « Oui, je veux l'abondance. »

Mandala d'intuition

Le mandala d'intuition est une invitation à créer votre propre mandala. Formé à partir du cercle et du point, il est unique, simple, mais complet. Dans ce type de mandala, plus précisément, le point doit être très bien identifiable puisqu'il n'y a aucune autre structure. Malgré sa simplicité apparente, ce mandala permet la communication entre l'âme, le corps, l'esprit. Il est favorable à toute personne qui chemine, qui cherche à comprendre ce que la vie lui présente.

En coloriant avec les couleurs primaires, soit deux bleus, deux jaunes, deux rouges, les couleurs juxtaposées les unes aux autres produisent les sept couleurs des chakras qui s'harmonisent au contact des couleurs.

Ce mandala peut être fait tous les jours ou chaque semaine selon votre disponibilité. C'est l'instant idéal pour parcourir l'intérieur du cercle dans un geste de va-et-vient, bénéficiant de la protection du cercle pour vous libérer, tout en étant à l'écoute de ce qui se passe à l'intérieur de vous. C'est l'occasion pour accepter tout ce qui est, tout ce que vous êtes.

Coloriage du dessin d'intuition :

Détachez d'abord le dessin du cahier afin d'avoir plus de facilité à colorier. Partez du centre avec, par exemple, le jaune; redéfinissez le point central avec cette couleur. Tournez plusieurs fois le crayon au centre, puis voyagez dans le cercle, sans penser, en faisant des petits cercles ou des spirales, revenant parfois au centre, mais en laissant votre main voyager à son rythme et à sa convenance. Terminez dans un tracé en périphérie, refaites le cercle avec cette couleur jaune avant de changer de crayon. Faites de même avec le bleu, puis le rouge. Tenez le crayon droit et toujours bien effilé afin de bien sentir le mouvement du crayon qui, tout en coloriant dans le mandala, fait circuler les couleurs à l'intérieur de votre être.

« En faisant ce mandala d'intuition, je suis prêt à m'harmoniser, à découvrir mon potentiel créateur. »

Bon mandala, et que l'expérience vous soit profitable!